[MÉ]MOIRE

A CONSULTER

SUR L'EXISTENCE DES SIX CORPS,
ET LA CONSERVATION DE LEURS
PRIVILEGES;

ET

REFLEXIONS

DES SIX CORPS DE LA VILLE DE
PARIS, SUR LA SUPPRESSION
DES JURANDES.

[LA] PARIS,

Chez P. G. SIMON, Imprimeur du
Parlement, rue Mignon St. André-
des-arcs, 1776.

MÉMOIRE

A CONSULTER,

*Sur l'existence actuelle des six Corps, &
la conservation de leurs privileges.*

CHAQUE siecle amene une révolution dans les esprits, & fait paroître un
systême dominant, auquel la multitude
avide de nouveautés, s'attache jusqu'à
ce qu'un autre lui soit présenté d'une
maniere plus séduisante.

La politique a éprouvé le même sort
que la physique. Newton a fait évanouir
le systême de Descartes. Colbert a ren-
versé celui de Sully. Lequel de ces deux
ministres a le plus approché du but auquel ils vouloient atteindre? Pour assigner
la supériorité à celui auquel elle est due,
il faudroit examiner sous lequel, de Sully

A

ou de Colbert; la France a été plus riche, plus heureuse, plus féconde en ressources; sous lequel des deux elle s'est élevée davantage au-dessus des autres nations, par son industrie & l'étendue de son commerce; car l'expérience est à la politique, ce que le calcul est à la physique. Mais il faudroit aussi, avant de prononcer, observer dans quelles circonstances le ministre d'Henri IV, & celui de Louis XIV se sont trouvés; quelle résistance ils avoient à vaincre; quels moyens ils pouvoient employer; quelle rivalité ils avoient à combattre; quel étoit le degré d'activité de la nation sous leur ministere.

Cet examen demanderoit un coup d'œil bien juste, bien attentif, & sur-tout bien impartial. Il exigeroit de mûres réflexions & des recherches immenses : heureusement nous ne sommes pas obligés de nous y livrer.

L'objet, l'unique objet de ce mémoire est, 1°. de dissiper les idées fausses & déshonorantes que des écrivains séduits par l'enthousiasme du bien général, éblouis par la chimere d'une liberté illimitée, ont répandues sur les commerçans; 2°. de prouver aux magistrats, conservateurs des privileges & des pro-

priétés, que l'on ne peut pas porter at-
teinte à l'exiſtence actuelle des ſix corps,
& adopter les projets de deſtruction dont
on les épouvante, ſans que le commerce
ne ſoit livré à la mauvaiſe foi, & dé-
gradé par l'ignorance; ſans que la fortune des plus honnêtes familles de la
capitale ne ſoit ébranlée; ſans que des
états conſolidés depuis des ſiecles par des
édits, par des lettres patentes enregiſtrés
dans les cours ſouveraines, ne deviennent
tout-à-coup incertains & précaires.

L'ouvrage de M. le préſident Bigot de
Sainte-Croix ſemble avoir été lancé, il y
a quelques mois, dans le public, pour
ſéduire les eſprits, & les préparer à la
révolution méditée depuis quelques années. En réfutant le ſyſtême de ce jeune
magiſtrat, nous ſommes bien éloignés de
vouloir ternir la mémoire d'un citoyen
précieux, que la mort a trop tôt ravi à
l'amitié de tous ceux qui l'ont connu.
Ses erreurs ſont celles d'une ame belle;
& ſi elles devenoient un jour funeſte à
l'humanité, il faudroit les pardonner à
ſon eſprit abuſé par ſon cœur.

M. de Sainte-Croix enviſage la liberté
du commerce ſous un double point de
vue. Le premier, qui eſt relatif aux agens

du commerce & de l'induſtrie, « eſt,
» dit-il, la faculté de ſe livrer au genre
» de travail ou de trafic qui convient à
» leur goût & à leurs talens ; de le bor-
» ner, de l'étendre, d'en changer à leur
» gré ; d'en réunir pluſieurs, ou analo-
» gues, ou contraires ; d'exercer, en un
» mot, tel négoce qu'il leur plaît, &
» comme il leur plaît, ſans avoir d'autre
» loi que leur intérêt, & ſans que per-
» ſonne ait le pouvoir de les y troubler. »

Le ſecond, qui a rapport aux proprié-
taires & aux conſommateurs, « eſt le
» droit d'acheter & de vendre à leur gré,
» de faire uſage des denrées & marchan-
» diſes qui leur conviennent, d'avoir le
» choix libre de ceux qu'ils veulent em-
» ployer & mettre en œuvre dans quel-
» que genre de travail que ce ſoit, ſans
» qu'aucun réglement prohibitif puiſſe
» les empêcher de ſuivre leur volonté
» propre dans l'emploi des choſes & des
» perſonnes. »

Ces deux définitions qui ſont juſtes,
amenent des conſéquences chimériques
& déraiſonnables ; car cette prétendue
liberté du commerçant ou de l'ouvrier
ſera toujours bornée par leurs facultés
phyſiques ou morales. Nos loix, en cela

bien fupérieures à celles des Egyptiens ;
qui contraignoient les enfans de fuivre
la profeffion de leur pere , quelqu'éloi-
gnement ou quelqu'incapacité qu'ils euf-
fent pour l'embraffer , n'obligent point
un citoyen à faire des chapeaux, lorfqu'il
ne voudroit s'occuper que de la chauffure ; à vendre du fer , lorfqu'il aimeroit
mieux ne diftribuer que des épiceries.
L'ouvrier choifit le métier qui lui plaît ;
& celui qui fe deftine au commerce entre
chez le marchand qu'il croit pouvoir rem-
placer. La conftitution phyfique déter-
mine prefque toujours le choix du premier , & la fortune celui du fecond.

Le jeune homme qui fe fent affez fort ,
affez robufte pour battre le fer , pour le
plier , apprend le métier de forgeron où
celui de ferrurier. Un autre à de la répu-
gnance pour un travail qui demande des
efforts continuels ; il fe fait tailleur ,
perruquier.

Il en eft de même de celui qui embraffe
le commerce ; il confulte fes facultés, fes
efpérances , avant de prendre fon brevet
d'apprentiffage. Il fait, ou fes parens fa-
vent pour lui , qu'un magafin d'étoffes
de foies demande plus de fonds , plus de
crédit pour l'affortir , qu'une boutique

de clinquaillerie ; quand il auroit le droit de vendre des dentelles , des dorures, des pierreries, il ne pourroit pas en faire usage; il s'adonne donc à la connoissance des objets qu'il sera un jour en état d'acheter & de vendre.

Il résulte de cette vérité incontestable, que la condition du marchand qui vend ce qu'il a désiré de vendre, que celle de l'ouvrier qui fait ce qu'il a souhaité de faire, ne sont point malheureuses, qu'elles ne sont point contraires à la liberté : tous deux suivent leur état sans contrainte, & sont mêmes les maîtres d'en changer s'ils esperent être plus heureux ou plus riches dans un autre.

La preuve que la liberté illimitée que l'on veut donner à l'ouvrier, *de réunir plusieurs métiers analogues ou contraires,* ne fera rien pour son bonheur, c'est qu'il est très-douteux qu'il en usât quand elle lui seroit accordée. Le serrurier ne fera point de perruques quand il aura le droit de faire successivement passer dans ses mains le peigne & le marteau; que le chapellier soit le maître d'habiller ceux dont il couvre le chef, tant qu'il aura l'espoir de vendre des chapeaux il ne fera aucun tort aux tailleurs.

Le grand moyen de rendre l'ouvrier ardent & le marchand actif, ce n'est pas d'introduire la confusion & le mélange dans les états; il faut seulement faire en sorte que l'ouvrier ait toujours de l'ouvrage, & que le bénéfice de la vente puisse toujours nourrir le marchand, afin que le premier ne reste jamais oisif, & que l'autre ne soit pas réduit à consommer ses fonds.

Et on y parviendra, en donnant plus d'étendue à la consommation, plus de débouchés au commerce; mais pour que nos manufactures s'ouvrent un passage chez l'étranger & deviennent florissantes, il faut que les ouvrages qui en sortent surpassent en qualité ceux des manufactures de l'Europe, qui sont en concurrence avec elles. Comment leur deviendront-elles supérieures si l'ouvrier inhabile n'a pas de bons modeles sous les yeux, & ne reçoit pas pendant plusieurs années les leçons d'un maître?

Un état comme la France, qui tire sa grande richesse de la terre, & qui est par cette raison dans une situation bien plus avantageuse que la Hollande, ne doit pas s'occuper de multiplier le nombre de ses artisans, mais de les perfec-

A 4

ſionner: Il y aura toujours trop d'ouvriers dans les villes, & jamais aſſez dans les campagnes. Diſpenſez les artiſans de l'apprentiſſage : laiſſez l'ignorance, la maladreſſe pénétrer dans les manufactures; rendez l'apprentif l'égal du compagnon, & le compagnon l'égal du maître ; enfin, levez les petits obſtacles qui arrêtent la groſſiéreté villageoiſe à l'entrée des villes & l'empêchent de s'y fixer, & vous verrez bientôt une foule de cultivateurs qui abandonneront leurs pénibles travaux pour venir ſe livrer à d'autres bien moins utiles à l'humanité.

Il eſt, je le répete, de la ſageſſe & de l'intérêt du gouvernement, de diminuer le nombre des artiſans, & de conduire l'induſtrie à ſa perfection ; & il faut pour cela exiger que celui qui ſe deſtine à un art, à un métier, s'y rende habile avant de devenir maître.

Le ſyſtême de M. de Sainte-Croix, ſur le commerce, tend à rendre la claſſe des habitans des villes plus nombreuſe, & ce ne doit pas être le but d'un économiſte.

Il produiroit confuſion & imperfection dans les arts & métiers, & ce ne peut être-là le deſir d'un citoyen éclairé. Il

faut donc croire que M. de Sainte-Croix
s'eſt écarté de la route qu'il vouloit
ſuivre.

Mais il nous ſera encore bien plus facile de prouver que ſon ſyſtéme nuiſible
aux arts & au commerce, ſeroit funeſte
au conſommateur. Et en effet, quel eſt
l'intérêt du conſommateur ? d'acheter les
fruits de l'induſtrie, ou les objets du
commerce le moins cher poſſible & de la
meilleure qualité. Où, par exemple,
trouvera-t-il de meilleurs bas que chez
l'homme qui, depuis ſa jeuneſſe, n'a
fait, n'a obſervé, n'a preſque touché que
des bas ? Qui les lui vendra à un moindre
prix que celui qui met tout ſon tems à les
fabriquer, qui n'a d'autre affaire que de
diſtribuer la matiere aux ouvriers, que
d'augmenter le nombre de ſes métiers,
& d'éviter de la part de ceux qui ache-
tent chez lui, le reproche de vendre
plus cher que ſes confreres, & de fournir des bas d'une qualité intérieure à
celle que l'on trouve dans d'autres ma-
gaſins ? Il faut abſolument qu'il vende
de bons bas ; car ne vendant rien autre
choſe, il ne peut conſolider ſa réputa-
tion, & l'étendre que par cette ſeule
branche de commerce.

Il en eft de même de tous les autres marchands, dont le trafic eft limité.

Et où eft donc le mal que l'acheteur ne trouve pas un chapeau dans la boutique du cordonnier, des toiles chez un épicier, que chaque objet de commerce foit divifé comme autant de branches auxquelles différens particuliers s'attachent exclufivement? Il réfulte de cette divifion plus de sûreté pour le confommateur, plus d'égalité pour les commerçans; l'argent fe divife en différens canaux & va foulager plufieurs familles, au-lieu de couler vers une feule qui regorgeroit de richeffes, tandis que mille autres languiroient de mifere. Aucun réglement n'oblige le confommateur de prendre fon drap chez tel drapier plutôt que chez tel autre, fes étoffes de foie dans tel magafin, lorfqu'il voudroit les choifir dans celui qu'il affectionne. Il va de drapiers en drapiers, de merciers en merciers, jufqu'à ce qu'il ait trouvé, & la qualité de l'étoffe & le bon marché qu'il defire : il y a donc, comme on le voit, liberté pour le confommateur : mais, s'écriera l'un des partifans du fyftême de M. de Sainte-Croix, il n'y a que fix cents marchands qui vendent l'étoffe qui m'eft

nécessaire , & je voudrois pouvoir choisir
chez six mille : mais il y en auroit six
mille que votre liberté seroit encore limi-
tée à ce nombre. Enfin , trouvez-vous
qu'il n'y a pas assez d'atteliers , de ma-
gasins , pour que votre choix s'étende
librement, pour que la concurrence soit
mieux établie ? En ce cas , agrandissez
donc les villes principales du royaume ,
agrandissez sur-tout la capitale ; car, à
chaque pas que je fais , je ne vois que
la demeure d'un marchand ou la boutique d'un artisan ; des quartiers immenses
ne sont habités que par eux ; & sont
renchéris au point qu'il est impossible à
l'oisif rentier de s'y loger.

Fixons donc deux vérités contraires
aux deux conséquences que M. de Sainte-
Croix veut tirer de ses propositions : la
premiere , que la liberté d'être tout à la
fois serrurier & tailleur , perruquier &
maçon , de vendre des bijoux d'or & des
médecines , offriroit une confusion bi-
zarre , ridicule & funeste.

La seconde , que la liberté de pouvoir
acheter des diamans , des dentelles , des
chapeaux , des meubles chez le même
marchand , de se faire habiller , voiturer
par son charpentier , ne peut être que le

souhait du délire, & seroit d'une consé-
quence très-dangereuse, en ce que, non-
seulement, celui qui excelle dans son
état, deviendroit très-médiocre, s'il en
embrassoit d'autres; mais par la raison
que l'opulence se subdiviseroit beaucoup
moins, que le riche n'employant que
les mêmes mains, ne puisant que dans
le même magasin, ne nourriroit qu'une
famille, au-lieu qu'il en alimente autant
qu'il a de besoins.

« Le corps des marchands & commu-
» nautés d'arts & métiers, font, con-
» tinue M. de Sainte-Croix, de véritables
» privileges exclusifs, d'autant plus fu-
» nestes qu'ils font autorisés par la loi. »

S'ils font autorisés par la loi, c'est d'a-
bord une raison pour que ceux qui les ont
achetés sous l'autorité de la loi y soient
maintenus ?

Mais qu'entend l'auteur par le mot de
privilege exclusif, veut-il dire que ces
privileges accordés aux corps des marchands & aux communautés, font des
barrieres insurmontables qui arrêtent ab-
solument celui qui voudroit s'y introduire, s'y placer à quelque prix que ce
fût ? Il a tort ; car il n'y a pas d'individu
en France, qui, en se faisant recevoir

apprentif, ne puiſſe devenir maître ou
marchand lorſque ſes facultés lui per-
mettent de s'établir. Au mois d'avril
il y avoit dans la ſeule ville de Paris
3207 marchands merciers ou veuves de
marchands, ce qui fait un tiers de plus
qu'en 1750, & perſonne n'ignore qu'il
n'y a pas de commerce plus libre, plus
étendu que celui de la mercerie, puiſqu'il
embraſſe tous les objets de vente. On ne
compte que trois ou quatre états, tel
que celui d'imprimeur, de tireur d'or,
dont le nombre ſoit limité, & qui ſoient
excluſifs pour tout autre que pour des
fils de maître ; c'étoit donc ſeulement
contre l'excluſif de ceux-là que M. de
Sainte - Croix devoit élever la voix ; mais
lui-même dit à la page 17 de ſon livre
qu'il y a un grand nombre de métiers,
dont il ſeroit à deſirer que les privileges
fuſſent moins nombreux, par la raiſon
qu'un entrepreneur fait plus d'ouvrages à
moins de frais, que ſi ſes travaux ſont
diviſés entre pluſieurs, ils gagneront
moins & ſeront forcés de vendre plus
cher. L'auteur, au contraire, a-t-il voulu
faire entendre que l'aſſujettiſſement de
l'apprentiſſage ; que les frais de réception
de maîtriſe formoit un excluſif ? Où ce

mot ne pourra-t-il pas se placer ? Celui
qui, avec de l'argent a acheté une portion de terre, n'a-t-il pas le privilege
exclufif de la cultiver, de l'affermer,
d'en recevoir le prix s'il la vend ? Suffi-
roit-il de dire au propriétaire, pour s'em-
parer légitimement de fon domaine : cette
terre que vous cultivez, je la laboure-
rois, je l'enfemencerois comme vous ;
il doit donc m'être également permis de
la cultiver & d'en recueillir les fruits ? Il
répondroit : je me fuis foumis à payer le
prix du fonds, à rendre hommage au
feigneur, à fupporter la taille pour laquelle je fuis impofé ; j'ai enfuite acheté
les uftenfils de labour, les animaux qui
déchirent la terre & ceux qui l'engraiffent;
fupportez les mêmes charges, faites les
mêmes acquifitions, & vous aurez auffi
une portion de terre en propriété.

Le marchand tient à-peu-près le même
langage, il dit à l'étranger qui veut dé-
buter par ouvrir un magafin & vendre en
détail, & attirer les confommateurs,
dont la confiance forme fa richeffe : j'ai
pris un brevet d'apprentiffage ; j'ai confacré plufieurs années pour connoître la
qualité des étoffes, leur durée pour en
favoir au jufte le prix, pour n'être pas

trompé par l'ouvrier, & ne pas tromper le public. En entrant dans le corps, des marchands, auxquels je suis associé j'ai contribué au soulagement de ses charges imposées par le souverain ; & tous les ans je distrais une partie de mon bénéfice pour l'acquittement de ses dettes ; suivez la même route, prenez les mêmes lumieres, formez les mêmes engagemens, & vous aurez, ainsi que moi, le droit d'avoir un magasin ; mais il y auroit une injustice révoltante après avoir exigé de moi du tems, des connoissances, de l'argent avant de m'admettre au privilege de vendre, de vous faire partager ce même privilege, sans qu'il vous en coûtât rien, sans que vous fussiez tenu à aucune indemnité envers moi, dont vous altérez la propriété en la partageant.

L'auteur *de l'essai, sur la liberté du commerce*, se plaint « des privileges ex-» clusifs, accordés à des particuliers, » pour la fabrication de plusieurs especes » d'étoffes dans le royaume. »

En parcourant tous les objets qui concernent le commerce des étoffes de soies, de toile, de laine (& il n'y en a pas d'autres) on n'en voit aucun dont la fabrication soit interdite à qui que ce soit:

On a cru, à la vérité, devoir encourager l'induſtrie, en accordant des dif-
tinctions honorables ; en donnant à une
manufacture le titre de *manufacture roya-
le* ; à d'autres, le droit d'appliquer aux
pieces fabriquées par elles un plomb doré
ou argenté ; mais on ne les a jamais au-
toriſées à fabriquer ſeules telles ou telles
étoffes ; ce qui eſt bien différent. Chaque
fabriquant a auſſi le droit excluſif de mettre ſon nom ſur les pieces de ſa manufacture, c'eſt-à-dire : qu'il eſt défendu à un
fabricant *d'Elbœuf*, de mettre ſur ſes é-
toffes le nom de *Louvier*. Si ces réglemens ſages qui tendent à éclairer le public, à encourager, à perfectionner les
arts & l'induſtrie, déplaiſent à M. de
Sainte-Croix ; s'il ne veut pas que *Varo-
bès* mette ſeul ſa marque ſur ſon drap,
qu'il empêche donc auſſi un auteur de
placer excluſivement ſon nom à la tête
de ſon ouvrage ; & qu'il ajoute que c'eſt
par la raiſon qu'un livre qui paroîtroit
ſous le nom de Boſſuet, de Monteſquieu,
du Chantre d'Henry, ſe vendroit toujours
mieux que la production éphémere d'un
écrivain ſans idées & ſans énergie, ce
qui détruiroit l'égalité.

« Dans une communauté, pourſuit

» M. de Sainte-Croix, quelque nom-
» breufe qu'elle foit, tous s'entendent,
» tous fe réuniffent pour l'intérêt géné-
» ral ; ils ont entr'eux un taux fixé de
» monopole & de furcharge, que cha-
» cun fuit comme la loi du corps ; celui
» qui s'en écarte pour vendre à meilleur
» marché eft regardé comme un traître
» d'après les principes *de leur probité re-*
» *lative.* Il eft puni comme tel & foumis
» à une perfécution qui ne finit fouvent
» que par la perte de fon état. »

Comment l'auteur que nous réfutons
a-t-il pu jeter fur le papier des expreffions
fi injurieufes, fi aviliffantes pour tous les
commerçans ? Combien il lui auroit été
facile de s'affurer que cette prétendue loi
du corps n'exiftoit pas, qu'elle ne pouvoit
pas même exifter parmi un grand nombre
d'individus dont les fortunes font inéga-
les, qui ont chacun des engagemens différens à remplir ! Et en effet, la preuve que
cet accord, que ce taux de monopole eft
chimérique, c'eft que l'expérience nous
apprend tous les jours qu'un marchand
vend à un prix plus bas que fon confrere,
foit parce qu'il a befoin d'argent, foit par
la raifon qu'il fe contente d'un moindre
bénéfice.

Eſt-il donc impoſſible de ſavoir au juſ-
te le prix que le fabriçant met à ſa main-
d'œuvre, quelle remiſe il fait au commerçant, & ce que celui-ci doit gagner ſur
la vente, pour retirer ſes frais & l'intérêt
de ſes avances ?

Il eſt aſſez démontré que le marchand
ne met pas un impôt trop fort ſur le beſoin du conſommateur. Pour un que la
vogue enrichit, combien y en a-t-il qui
exiſtent dans la médiocrité ? Combien
d'autres, & c'eſt le plus grand nombre,
qui languiſſent miſérablement ?

« Les corps de jurande, ſi l'on en
» croit leur adverſaire, arrêtent dans
» tout le royaume des progrès de l'induſ-
» rie, ruinent les particuliers, exercent
» ſur le public un monopole odieux, &
» enlevent à l'état des branches de com-
» merce utiles ? »

Nous avons prouvé que la concurrence
étoit ſuffiſamment établie par le nombre
des marchands, par leur intérêt oppoſé,
par l'inégalité de leur fortune, pour que
le conſommateur ne pût être leur victime: mais cela ne ſuffit pas pour le bien
général ; il faut encore que le conſommateur ne domine pas tellement ſur l'induſtrie & ſur le commerce, qu'il puiſſe

les rendre fes efclaves, leur enlever tout leur bénéfice, & les tenir dans l'abaiffe-ment & dans une pauvreté décourageante.

Pour empêcher ce funefte afcendant, il eft néceffaire qu'il n'y ait pas plus d'ar-tifans ni de marchands, qu'il n'y a de con-fommateurs, afin que le befoin donne de l'activité aux uns & rapproche les autres.

Dans l'état actuel des chofes, peut-on dire que le confommateur reçoive la loi du marchand? N'eft-ce pas lui au contrai-re qui domine, qui eft follicité par le commerce & l'induftrie agités, tourmen-tés par des befoins fans ceffe renaiffans? En admettant donc que les privileges des corps de jurandes diminuent la foule de ceux qui s'adonneroient au commerce & aux profeffions mécaniques, une fois qu'il fera reconnu qu'il ne faut pas que les artifans foient en trop grand nombre, afin de prévenir l'oifiveté de plufieurs & la mifere de tous, on fera obligé d'a-vouer que les privileges qui empêchent que le commerce & l'induftrie n'exce-dent la confommation, font d'heureu-fes entraves & des obftacles bienfaifans.

Nous ne devinons pas au furplus *quelles font les branches utiles de commerce que les jurandes enlevent à l'état.* M. de

Sainte-Croix aurait dû nous l'apprendre:
cette affertion, s'il l'eût prouvée, eût
été bien favorable à fon fystême ; cependant il l'a jetée au hafard, & ne l'appuie
d'aucune preuve ; on pourroit en con-
clure qu'elle est fauffe ; mais pour s'en
convaincre, il ne faut faire qu'une réflexion : les jurandes n'existent pas dans
toutes les villes du royaume ; des villes
très-proches de la capitale en font affranchies ; ces branches, qui fuient de-
vant les jurandes, pourroient donc s'é-
tendre dans les lieux où l'industrie est
libre, où elle n'est point *fyndiquée*,
pour nous fervir de l'expreffion de notre adverfaire ?

S'il étoit vrai que les manufactures,
que l'industrie, fuffent restées en France
au-deffous de celle de l'étranger ; que la
Hollande où il n'y a point d'apprentiffage, point de communauté, l'empor-
tât fur nous par fon industrie ? Pourquoi
donc l'étranger marqueroit-il tant d'empreffement ; pourquoi braveroit-il les
prohibitions, les confifcations, pour fe
procurer nos foiries, nos draperies, nos
bijoux de toute efpece ; nos galons, nos
glaces, nos chapeaux, nos modes, &c. ?

M. de Sainte-Croix, après avoir fait

un crime à l'Angleterre d'exiger que ses ouvriers subissent un apprentissage de sept ans, & l'avoir abaissée par cette raison au-dessous de la Hollande, qui lui est bien inférieure en industrie si la elle surpasse en activité & en économie, la loue de ce que dans le quartier de Westminster il n'y a point de maîtrise ; il auroit dû également louer la France de ce qu'à Paris, dans le fauxbourg Saint-Antoine, dans l'*Abbaye*, dans le *Temple*, dans l'*Hôtel des Princes*, & dans une infinité de villes du royaume, l'industrie est indépendante & les arts sont affranchis de maîtrise : mais il a craint que son éloge ne fit faire une réflexion bien décisive en faveur des jurandes, & qui démontrent qu'elles ne nuisent ni aux arts & métiers ni au commerce.

C'est précisément dans les villes où elles exercent le plus d'empire, que les manufactures sont plus florissantes & que le commerce a le plus d'activité, comme à *Lyon*, à *Bordeaux*, à *Dieppe*, à *Roüen*, à *Paris*, &c. On ne voit pas, au contraire, que nos petites villes affranchies de toutes entraves, s'enrichissent beaucoup par le commerce & par l'industrie ; celle-ci n'y produit rien de fini, rien qui

soit digne de l'attention du goût; elle
e borne à satisfaire les besoins du consommateur vulgaire ; l'autre est circons-
crit dans les murs qui renferment ceux qui
en sont les agens. Cette observation est bien
importante & ne peut être trop méditée.

Nous n'avons pas besoin de dire que
le commerce en gros, celui qui fait la
véritable richesse des nations, qui fait pen-
cher la balance vers celle qui s'en oc-
cupe le plus, est libre en France ; tout
le monde sait que pour s'y livrer on n'est
assujetti à aucun apprentissage, ni à prendre des lettres de maîtrises, ni à se faire
recevoir marchand ; pourquoi cette dis-
tinction ? parce que le négociant en gros
ne vend qu'à celui qui détaille, & celui-ci
ayant fait son apprentissage & étant reçu
maître ou marchand, est censé ne pouvoir pas être la dupe de l'ignorance ou
de la fraude du premier ; le détaillant
reconnoîtra à la première inspection du
drap ou de la serge que le négociant lui
enverra, s'ils ont été *ramés*, c'est-à-dire,
si par une extension forcée, on n'a pas
rallongé la pièce de deux ou trois aunes ;
si l'on a omis *de faire passer par la tein-*
ture en bleu, les étoffes qui ont ensuite
été teintes en noir ; mais le particulier

qui n'a aucune connaissance à cet égard,
prendra indifféremment le drap allongé
frauduleusement ou celui qui sera dans
sa longueur naturelle ; l'étoffe qui aura
reçu une teinture de moins & celle qui
en aura une de plus ; mais il s'apperce-
vra bientôt que son vêtement est, en un
moment, pénétré par la pluie ; qu'il ne
le garantit pas du froid ; qu'il dure bien
moins qu'un autre qui cependant ne lui
avait pas coûté davantage ; que le noir
de son habit rougit & n'a point de lustre;
il ira en faire des reproches au détaillant;
mais celui-ci ne sera pas embarrassé de
pallier son ignorance ou sa mauvaise foi.

Nous ne contredirons pas M. *de Sainte-*
Croix, tant qu'il n'aura élevé sa voix,
qu'en faveur de l'indigence, & prêté sa
plume au malheur. Oui, sans doute, il
faut mettre le fils du pauvre en état d'apprendre à gagner du pain ; aussi, approu-
verons-nous toujours l'institution des
écoles gratuites, les dispenses de brevet
d'apprentissage & de frais de maîtrise accordés aux enfans de la misere ; mais
pourquoi faire la même grace aux riches
& aux pauvres ? Le premier n'en sera pas
plus heureux, & elle cessera d'en être
une pour le second,

M. de Sainte-Croix ignoroit-il qu'il
n'y a que les pères dénaturés qui ont le
travail en averſion, & qui ne veulent
pas en inſpirer le goût à leurs enfans qui
ne trouvent pas à les placer chez des
maîtres ? Que la plupart de ces derniers
n'éxigent de leurs apprentifs que du tems ;
qu'ils les nourriſſent ſouvent pour rien,
& courent le riſque de n'être dédom-
magés de leur peine & de ne retirer
leur avance que dans les dernieres années de l'apprentiſſage de leur éleve ?

Quelque choſe que l'on faſſe, on ne
parviendra jamais à forcer un ouvrier à
montrer ſon métier à un étranger, ni un
marchand à initier le premier qui ſe pré-
ſentera dans la connoiſſance des étoffes
& des manufactures ; il faudra donc que
l'intérêt ou l'humanité les y faſſent con-
ſentir. Mais ſi c'eſt l'argent ſeul qui puiſſe
les y déterminer, l'obſtacle ſubſiſtera toujours pour le fils du pauvre. Si au contraire, un mouvement d'humanité, de
bienfaiſance, les engage à prendre chez
eux, ſans en éxiger d'argent, un enfant
qui paroît docile, attentif, & dont le
malheur les touche, de quoi ſervira le
changement projetté ?

Je ne ſuis pas le défenſeur des abus,

je défends feulement les privileges ; ainfi,
toutes les fois que M. de Sainte-Croix
n'aura préfenté que des abus à corriger,
je m'unirai à lui pour en demander la
fuppreffion : mais réformer n'eft pas détruire, & fon ouvrage ne follicite que la
deftruction.

Il ne veut voir dans les arts & métiers,
dans le commerce, qu'une multitude con-
fufe qui fe pouffe, qui s'agite, qui s'hu-
milie pour attirer le falaire du confommateur ; & il ne fent pas qu'il réfultera
de ce défordre, que les ouvriers feront
pour la plupart ignorans, parce qu'ils
n'auront fait qu'un apprentiffage très-
court & très-fuperficiel, & qu'ils croi-
ront cependant beaucoup favoir, par
la raifon qu'ils feront devenus les égaux
des maîtres, qu'ils feront des fripons,
parce que n'ayant rien à perdre, ils
tromperont le public fans redouter fon
mépris ; que les marchands n'attendront
plus paifiblement & avec décence le
confommateur ; qu'ils ne formeront plus
qu'un affemblage de juifs, de colporteurs,
d'anciens domeftiques qui s'infinueront
baffement dans les maifons, & cherche-
ront à féduire la bonne foi & l'ignorance,
qu'ils vendront à fauffe mefure ; parce

qu'ils ne feront plus fujets à l'infpection des jurés qui vifitent le poids & obfervent les aunes ; que leurs étoffes feront toujours, fi on les en croit, forties des meilleurs manufactures, & que cependant elles n'auront ni la largeur, ni l'épaiffeur requifes ; enfin, que d'après fon fyftême, il n'y aura qu'ignorance dans l'induftrie, & mauvaife foi dans le commerce.

L'auteur que nous réfutons prétend que fon fyftême eft favorable aux ouvriers & aux commerçans ; & fi l'on en excepte quelques gens fans aveux, non-feulement tous les maîtres & marchands ; mais encore ceux qui afpirent à le devenir, le rejettent pour eux & pour leurs enfans ; tous difent qu'ils aiment mieux un état ftable, avec lequel leurs peres ont exifté honnétement, dans lequel ils fe flattent de paffer, à leur exemple, une vie paifible, où ils pourront remplir leur devoir de pere de famille, aider le fouverain qui les protege, honorer les magiftrats qui les jugent, que d'errer dans un vuide immenfe, confondus avec une foule d'intriguans, d'ufuriers, d'hommes fcrvils & fans honneur.

Combien l'efprit de fyftême emporte l'homme loin de la raifon !

M. de Sainte-Croix n'a pas pû se réfuter à l'évidence d'une vérité importune & qui contrarioit ses idées ; il a senti qu'en détruisant l'apprentissage, en permettant à tout individu de fabriquer & de vendre sans preuve de savoir, les très-mauvais ouvrages se multiplieroient, & que ce seroit tant pis pour l'acquéreur. Une pareille difficulté ne l'a pas arrêté : l'ouvrier *doit*, selon lui, *avoir la liberté de faire mal*, & *si cette mal façon produisoit des ventes multipliées, il est d'une bonne administration de l'autoriser & de la soutenir.*

Autoriser la mal façon parce qu'elle produiroit des ventes multipliées ! . . . . Il n'est pas possible de proposer une idée plus contraire à toute raison, à toute justice, au progrès des arts, plus faite pour dégoûter des paradoxes si fréquens dans un siécle qui devroit être celui de la vérité ; mais oublions la gloire & la perfection des arts. Il ne s'agit pas d'examiner s'il vaut mieux rentrer dans la nuit de l'ignorance, que de nous rapprocher du goût.

Ne nous occupons que de l'intérêt de la société : que l'on interroge tous ceux qui ont la moindre connoissance du mécanisme des fabriques ; il n'y en a pas un

qui ne déclare que *cette mal façon* , quelque groffiere qu'elle foit , ne peut jamais
opérer fur le prix , une diminution équi-
valente à celle qu'elle fait perdre fur la
qualité ; c'eft-à-dire , pour parler plus
intelligiblement, que la même étoffe qui,
bonne & bien faite , coûteroit 6 liv.
l'aune , & réfifteroit fur le corps du manœuvre , à la fatigue & aux injures du
tems pendant deux ans , fi elle eft fabri-
quée de maniere à ne coûter que cent fols,
(ce qui ne fait qu'un fixieme de diminution) , ne lui durera pas un an ; d'où
il fuit que le malheureux qui croira avoir
gagné vingt fols , en aura effectivement
perdu quarante.

Il faut des étoffes à tout prix; il en faut
de belles pour le riche , mais de bonnes
pour le pauvre ; une toile groffiere , mais
ferrée , une ferge épaiffe , mais folide,
fuffifent à fa pauvreté ; il feroit contre
toute juftice , contre toute humanité,
que l'on permît à l'ignorance , à la mauvaife foi , de s'unir contre lui à fa mifere.
En voilà bien affez pour faire fentir
combien le fyftême deftructeur des jurandes , des communautées , des appren-
tiffages , enfin , de la police des corps
& métiers , feroit funefte à la fociété.

Avant de prouver maintenant qu'il est
contraire à toute justice en ce qu'il tend
à brifer tous les engagemens du prince
avec ses sujets, à jeter l'incertitude dans
tous les contrats, à mettre l'arbitraire à
la place du droit, enfin, qu'il attaque
tout à la fois, & la propriété & la poffeffion. Etabliffons une vérité importante.

La liberté illimitée dans les arts & métiers, & le pouvoir de fe mêler indiftinc-
tement de tous les trafics, de tous les
négoces, n'eft pas une nouveauté; cette
confufion que les partifans de M. de
Sainte-Croix trouvent fi belle, fi fubli-
me, fi près de la nature, n'a exifté que
trop long-tems c'eft un mal auquel les
prédéceffeurs de notre jeune monarque,
fe font toujours efforcés de remédier,
parce qu'ils ont fenti que le bonheur ne
pouvoit réfulter dans un grand état que
de l'ordre, c'eft-à-dire, de la foumiffion
des hommes à de fages réglemens; ils ont
appris que l'intérêt étoit un reffort puif-
fant qu'il falloit réprimer, parce qu'il
pouffoit prefque toujours l'homme vers
la fraude.

Voici de quelle maniere s'exprimoit
Henri III dans fon édit donné en Décem-

bre 1581. « Les rois nos prédécesseurs,
» & nous, avons ci-devant fait plusieurs
» statuts & réglemens sur le fait & police
» des arts & métiers qui s'exercent en
» notre royaume, concernant tant la
» nourriture, logis & vêtemens de nos
» sujets, qu'entretenement de leur santé;
» comme il n'est chose si bien & sainte-
» ment ordonnée, ou coutume si ver-
» tueuse *que l'avarice ne corrompe*. La
» plupart des artisans de notre royaume,
» même des villes, bourgs & lieux, où
» *il n'y a maîtrise instituée, ni jurés*
» *pour visiter leurs manufactures,* se
» font tellement émancipés que la moi-
» tié d'icelles ne font à moitié près de
» la bonté & intégrité qu'elles doivent
» être *au grand intérêt* (préjudice) de
» nos sujets de tous états, lesquels font
» obligés d'aller à 15 ou 20 lieues *ès*
» *villes où lesdits métiers font jurés,*
» pour recouvrer la marchandise à eux
» nécessaire.... ce que connu par les ha-
» bitans d'aucune ville de notredit
» royaume & *l'utilité qu'apporte à nos-*
» *dits sujets ladite maîtrise & jurés* en
» auroient plusieurs fois, & de tems en
» tems *demandé* & obtenus de nosdits
» prédécesseurs, l'installation en leurs-

» dites villes , même en l'année 1556.
» Les habitans de la ville de Beaujeu,
» pour tous les métiers d'icelles, en l'an-
» née 1559. Les habitans d'Orléans ,
» pour le métier d'apothicaire, en l'année
» 1560. Ceux de Tour , pour le métier
» de frippier en ladite année. Ceux de
» Lodun , pour le métier de boulanger
» & ès années 1557 & 1559. Ceux de
» notre bonne ville de Paris , *en laquelle*
» *la plupart des métiers font jurés* pour
» les métiers de brodeurs , paffemen-
» tiers , &c.

On voit par ce préambule d'édit que ce ne font point les marchands , les ou- vriers , qui , par cupidité , ont demandé à être divifés en communautés ou à être érigés en corps ; que ce ne font point eux qui ont voulu avoir des jurés , des fyn- dics ; que ce font les habitans des villes , que c'eft la nation elle-même , qui , pour arrêter la fraude , *a demandé à différentes fois* à fes fouverains que cette liberté de vendre , de travailler à tel métier ou à tel autre , de s'affujettir à la perfection de fon état ou de s'en éloigner , fût réprimée par des réglemens ; que chaque état fût divifé , claffé & fous l'infpection de jurés choifis par les membres.

« La fageffe de cet édit de réglement
» de 1581 fut reconnue par Henri IV.
» Voici comme il s'énonce dans fon édit
» donné au mois d'Avril 1597., en par-
» lant de celui de fon prédéceffeur; lequel
» édit, au moyen des guerres & troubles
» furvenus en cedit royaume, auroit été
» révoqué ; & partant, demeuré infruc-
» tueux & non exécuté, ce qui a fait
» continuer tous les débordemens qui
» s'exercent maintenant parmi les com-
» munautés defdits marchands & arti-
» fans, tant des villes & lieux non jurés,
» que villes & lieux jurés de cedit royau-
» me, foit en ce qui concerne la nourri-
» ture , logis & vêtemens de nos fujets,
» qu'entretenement de leur fanté ; cela
» procédant, tant de leur avarice & mau-
» vaife volonté, *que de leur ignorance*
» *& incapacité à la grande perte & dom-*
» *mage de tous nos fujets, &c.* ; pour à
» quoi pourvoir & donner ordre, qu'il n'y
» ait dorénavant aucune altération , di-
» vifion & jaloufie entre les marchands,
» maîtres des arts & métiers jurés, & ceux
» qui ne font encore pourvus defdites
» maîtrifes jurées, & que notredit royau-
» me foit policé pour le fait defdites né-
» gociations , manufactures, trafics, arts

» & métiers, par un bon & général ré-
» glement, au bien & soulagement de
» notre peuple, éviter aux partialités,
» monopoles, longueurs & excessives
» dépenses, qui se pratiquent journelle-
» ment au très-grand intérêt & dommage
» des pauvres artisans, desirant obtenir
» le degré de maîtrise, *& aussi afin que*
» *nous puissions à l'avenir recevoir le*
» *bien & commodité qui peut nous pro-*
» *venir de tous lesdits droits, & nous en*
» *servir en l'extréme nécessité de nos af-*
» *faires.* Savoir faisons, qu'ayant eu sur
» ce l'avis d'aucuns princes de notre sang,
» gens de notre conseil d'état, & de
» plusieurs notables personnages & prin-
» cipaux de nos officiers, convoqués &
» assemblés en notre ville de Rouen pour
» le bien de notre royaume ; avons or-
» donné que ledit édit & réglement gé-
» néral du mois de décembre 1581, sur
» tous & chacun lesdits arts & métiers,
» de quelque qualité & espèce qu'ils
» soient, sera exécuté & inviolablement
» observé de point en point. »

L'intention du roi & de son conseil, en
confirmant ce réglement, étoit, comme
on le voit, de réprimer *les débordemens*
qui déshonoroient les marchands qui

avoient des jurés ou qui n'en avoient pas ;
lesquels débordemens n'auroient point eu
lieu si l'édit de Henri III eût été exécuté.

2°. De garantir les consommateurs *du
dommage qu'ils éprouvoient par la mauvaise foi , l'ignorance & l'incapacité* de
ceux qui se mêloient d'un métier ou d'un
commerce dans lequel ils n'avoient fait
aucun apprentissage , & n'avoient point
de surveillans qui éclairassent leur fraude
ou leur ineptie.

3°. De mettre plus d'ordre dans la
perception des droits qui revenoient au
souverain , & lui ménager éternellement
une ressource dans les crises où l'état ne
se trouve que trop souvent. Détruire de
pareils réglemens , anéantir les corps ,
les communautés , ne décrire plus qu'un
cercle immense , dans lequel seront mê-
lés , confondus tous les individus qui
vendent ou travaillent ; c'est ramener les
choses au premier désordre ; c'est exposer
les sujets aux mêmes inconvéniens pour
lesquel *les habitans des villes* avoient
supplié le monarque de mettre des entraves à la fraude , & d'éclairer l'ignorance. Enfin , c'est priver à jamais l'état
d'un secours pécuniaire , qu'il a sollicité
& obtenu tant de fois.

Ce qui prouve beaucoup en faveur de
ces réglemens , de ces divisions de corps ,
de l'existence des jurandes , c'est que toutes les fois que des calamités où la négli-
gence des chefs ont laissé tomber les arts
& le commerce dans le trouble & l'anarchie ; il a fallu , pour réprimer les abus
sans nombre qui en résultoient , faire
rentrer chaque corps dans le cercle de
ses statuts , & le rappeller sous l'empire
de la jurande.

Nous aimons mieux courir le risque
de fatiguer ceux qui nous lisent de cita-
tions , que de laisser le moindre doute
sur la vérité de nos principes.

Un arrêt du conseil d'état du roi , du
24 Février 1674 , est conçu en ces ter-
mes : « Le roi desirant faire jouir tous ses
» sujets , sans exception , qui font com-
» merce ou trafic de quelque marchan-
» dise que ce puisse être , & qui exercent
» quelque métier que ce soit , sans titre
» des graces & de l'utilité que doit pro-
» duire en leur faveur l'exécution de l'é-
» dit du mois de Mars dernier ; & *par ce*
» *moyen, faire cesser les abus & mono-*
» *poles que produit journellement la li-*
» *berté que prennent impunément toutes*
» *personnes de s'immiscer en toutes sortes*

» *de professions.* Oui , le rapport du sieur
» Colbert , contrôleur général des finan-
» ces de France , Sa Majesté en son
» Conseil , a ordonné & ordonne que
» toutes personnes sans exception , fai-
» sant trafic ou commerce de quelque
» marchandise , & qui exercent quelque
» métier que ce soit en la ville & faux-
» bourg de Paris , *seront & demeureront*
» *pour l'avenir érigés en corps de maîtri-*
» *se & jurande.* »

Loin que les jurandes & les communautés aient produit *ces monopoles & ces*
abus , tout annonce au contraire qu'elles
n'ont été créées que pour les faire dispa-
roître ; tout prouve *que cette liberté de*
s'immiscer dans toutes sortes de pro-
fessions , étoit une source de fraude ;
qu'elle étoit très-préjudiciable au public,
parce qu'elle donnoit le mouvement à
une foule d'intriguans, de gens sans aveux,
qui ne colportoient que des marchandises
défectueuses , qui n'étoient occupés qu'à
colorer leur mauvaise foi.

Après avoir démontré que les communautés & les jurandes sont l'ame & le
soutien de l'industrie perfectionnée , qu'elles éclairent la fraude & la font fuir du
commerce & des manufactures.

Après avoir prouvé qu'elles font le fruit de la fageffe de nos rois & de leur confeil ; qu'elles ont été demandées, follicitées par les habitans des villes à différentes fois, comme une digue néceffaire contre le monopole ; il ne nous refte plus qu'à faire remarquer quel feroit le tort & l'injuftice qu'éprouveroient tous ceux qui fe font fait recevoir maîtres ou marchands, & ont acheté le privilege de n'avoir pour concurrens que ceux qui feroient les mêmes avances, & fubiroient les mêmes épreuves fi leurs corps alloient être détruits, fi l'on accordoit à tout individu la liberté de faire leur commerce, ou de fuivre tant bien que mal la profeffion qu'ils ont embraffée.

Le marchand a loué de grands magafins, s'eft chargé d'un fonds très-cher, a pris par conféquent des engagemens très-lourds ; fi le commerce n'eût point éprouvé de révolution, il étoit affuré d'y faire honneur ; mais aujourd'hui il vendra moins, parce que, plus il y a de marchands, plus la vente fe partage ; il fera obligé de donner à meilleur marché, parce que le colporteur, qui n'a point de boutiques, qui n'a rien payé au roi, qui n'a d'autres charges que celle qui

pefe fur lui , ayant fait moins d'avances , doit fe contenter d'un moindre
bénéfice ; une partie de fes marchandi-
fes lui reftera par la raifon que la vente
diminuant, fes étoffes deviendront furan-
nées , & paſſeront de mode.

Voilà le tort ; mais ce tort ne fe fera
pas fentir à lui feul ; car il doit au fabricant , à celui qui lui a prêté de l'argent
pour s'établir : & fi le débiteur eft ruiné ,
que deviendra le créancier ?

Lorfqu'il a voulu entrer dans le commerce , on lui a montré les édits , les
arrêts du confeil enrégiftrés au parlement , qui défendent à tous fujets de
faire quelque trafic que ce foit , fans
s'agréger à une communauté ou à un
corps : il a été trouver les jurés du corps
ou de la communauté , qui s'occupoit du
genre de commerce auquel il defiroit de
s'adonner ; ces jurés lui ont montré leurs
ftatuts enrégiftrés , & qui ont force de
loi : ils lui ont fait voir que ces ftatuts
les autorifent à exiger de celui qui veut
être reçu marchand ; telle fomme lorfqu'il eft fils de marchand , telle autre
fomme lorfqu'il n'eft qu'apprentif ; enfin,
une plus forte lorfqu'il n'a pas une de ces
deux qualités.

S'il a demandé quel étoit l'emploi de ces droits de réception , on lui a répondu que l'argent qui en provenoit fervoit à payer les rentes des fommes que les communautés avoient à différentes reprifes empruntées pour fubvenir aux befoins de l'état, & à rembourfer les capitaux, que les gardes étoient tenus d'en rendre le compte le plus exact & le plus détaillé.

Alors, convaincu qu'il ne pouvoit pas faire le commerce fans payer les droits exigés par les réglemens du corps qui en avoit le privilege ; il s'eft foumis à la loi que le fouverain avoit fait proclamer , & il s'eft dit : l'argent que je donne aujourd'hui n'eft point perdu pour moi , puifque j'achete la faculté de vendre concurremment avec tous les membres qui compofent le corps auquel je vais appartenir. Nul autre ne pourra s'attacher à la branche de commerce qui me nourrira , qu'il ne fe foumette à la loi à laquelle j'ai obéi ; fi je meurs , ma femme jouira de mon privilege ou le louera ; mes enfans n'auront , s'ils veulent continuer mon commerce , que 500 liv. à donner au lieu de 1700 liv. qu'il leur en auroit coûté fi je n'euffe pas été marchand ; ma réception me donne donc une véritable propriété ?

Mais fi le fyftême de M. de Sainte-Croix étoit adopté, le marchand auroit autant de concurrens qu'il s'en préfen- teroit : par conféquent, le droit parti- culier qu'il auroit acheté étant devenu le droit de tous : l'argent qu'il auroit donné pour l'acquérir feroit perdu pour lui & pour fa femme; qui, après la mort de fon mari n'auroit point de pri- vilege à louer ou à exercer, & pour fes enfans qui ne retireroient plus d'a- vantages, plus de prérogatives de la qualité de leur pere, ce feroit donc là une propriété attaquée, détruite? Voilà l'injuftice.

LE CONSEIL SOUSSIGNÉ, après avoir pris lecture *de l'effai fur la li- berté du commerce & de l'induftrie,*

EST D'AVIS que cet ouvrage, tendant à faire envifager les commerçans comme une fociété d'hommes qui ont entr'eux *un taux fixé de monopole & de furcharge, que chacun fuit comme la loi du corps, qu'ils n'ont qu'une probité relative :* ils font fondés à demander la fuppreffion d'une dénonciation auffi flétriffante, & à démontrer que l'auteur en follicitant

la deſtruction de leur corps & de leurs
privileges, les trouble dans la propriété
la plus reſpectable ; puiſqu'elle porte
ſur la loi même ; & que leurs titres
ſont des édits & arrêts du conſeil d'état
du roi, confirmés par une multitude
d'arrêts de la cour.

Délibéré à Paris le 2ᵉʳ. Février 1776.

DELACROIX.

RÉFLEXIONS

Des six Corps de la Ville de Paris, sur la suppression des Jurandes.

LEs citoyens soumis & fideles ne feront pas accusés, sans doute, de manquer à leurs devoirs, s'ils osent essayer de prévenir leur ruine. Un Roi bienfaisant, un ministre éclairé, pardonneront à des peres de familles, menacés de se voir privés de l'état qu'ils ont reçu de leurs ancêtres, ou acheté par des avances pécuniaires considérables, par des sacrifices de toute espece, de hasarder quelques efforts contre une loi qui le leur enleveroit. Leurs représentations sont le cri que la nature arrache à tout être menacé de sa destruction : c'est ici la justice & l'amour du bien public qui s'arment d'un fer exterminateur. Des ennemis si nobles encourageront les défenses, loin de les étouffer. Preffés par le tems, les fix corps fe borneront à quelques réflexions que Sa Majefté, fon confeil & les magiftrats, honorés de la fonction glorieufe de completter en quelque forte les loix, étendront fans peine par leur propre fagacité.

§. I.

Des Corporations ou Jurandes en elles - mêmes.

Depuis quelques années, un cri prefqu'univerfel en apparence, s'eft élevé contre les corporations en général : on ne parle que de la *liberté* : on ne refpire que *l'indépendance* ; on abhorre les privileges exclufifs ; on appelle à haute voix la *concurrence* : ce n'eft pas à des marchands à examiner jufqu'à quel point ce principe peut être admis ou modifié dans une monarchie : fans raifonner fur la théorie, ils fe borneront à la pratique, ils fe contenteront d'obferver que dans tous les grands empires, & enfuite dans toutes les villes confidérables, il a fallu établir des corporations, ou bien elles s'y font formées d'elles-mêmes par la feule nature des chofes.

En *Égypte*, l'état le plus peuplé , & par conféquent le mieux policé , dont l'hiftoire ait confervé le fouvenir , les corporations exiftoient avec une fé-vérité , dont la feule idée nous fait trem-bler nous-mêmes , courbés dès l'enfan-ce fous ce joug utile.

La Chine à prefque les mêmes avan-tages du côté de la population & des réglemens qui la dirigent. On y trouve les mêmes principes : la pêche même eft foumife à des réglemens : l'heure devroit , ce femble , être auffi libre , auffi indé-pendante que l'élément qui en eft le théatre. Cependant un fignal gouverne toutes les mains qui s'y adonnent : les bateaux ne s'élancent vers la mer , que quand on le leur permet : tous refluent vers le rivage à la minute où le modé-teur éloigné qui les meut les y rappelle. Qu'on juge combien dans les villes le defpotifme doit être plus rigoureux,

A *Rome* , dans le tems de fa fplen-deur , aux corporations politiques , de la démocratie , connues fous le nom de *Tribus* de *Centuries* , fuccéderent fous les empereurs , des affociations civiles dans les arts , dans le commerce.

En *Angleterre* , où certainement les

intérêts des hommes ont été bien balan-
cés, & ceux du commerce encor plus,
le peuple chérit les corporations.

. Si la *Hollande* semble, au milieu de
ses richesses & de ses succès, offrir une
exception à cet égard, c'est que son
existence même en est une sous tous les
points de vue. Tous les élémens y font
dénaturés : la terre n'y est que de la
boue, & l'eau de la fange ; l'air n'est
composé que de vapeurs marécageuses ;
le feu lui-même ne s'y nourrit que d'un
aliment impur & grossier. Cet état ne
peut pas plus servir d'exemple au moral
qu'au physique. Les *Hollandois*, cour-
tiers, facteurs, rouliers universels,
doivent regarder leur patrie comme une
espece d'auberge, où ils ne rentrent que
pour en sortir : ils n'est pas étonnant
qu'ils n'en aient jamais perfectionné la
police.

Les grands peuples agricoles ont toujours eu soins de se diviser en diverses
sociétés, dont la différence étoit mar-
quée par les occupations de ceux qui s'y
attachoient, & qui composoient, en
s'unissant toutes sous la tête, sous le
chef de l'état, le corps général désigné
par le nom de la *Nation*. Cet arran-

gement est favorable ; il est néceſſaire à
l'adminiſtration ; il en facilite la marche ; il en affermit la ſécurité : c'eſt le
même principe qui fait partager une grande armée en *régimens*. Sans cette ſépa-
ration utile , il ſeroit impoſſible de la
réunir ; & la prétendue liberté de ſuivre
toutes les enſeignes à la fois ne ſeroit
que le ſignal de la déſertion , ou du moins
du plus affreux déſordre.

Politiquement les corporations ont
donc un objet : elles ſont ſalutaires, indiſ-
penſables : ſi en les établiſſant en *France* ,
au-lieu d'y voir un des plus grands , un
des plus précieux reſſorts du gouvernement , on n'y a vu qu'une reſſource fiſ-
cale , c'eſt ſans doute une grande mépriſe :
on a fait un mauvais uſage d'un excellent
principe. il faut réformer l'abus & con-
ſerver la choſe : premier point important
dans le fait ; par elles-mêmes les corporations ſont utiles.

§. I I.

Des avantages que l'on ſuppoſe dans la ſuppreſſion des Jurandes.

Ces avantages ſe réduiſent ſur-tout à
quatre ; développement de l'induſtrie ;

diminution de la valeur de la main-d'œuvre & des denrées ; simplicité dans la
régie intérieure ; extinction de ces procès bizarres ou scandaleux qui résultent
des chocs, des rivalités de ces associa-
tions que la nature de leurs travaux
rapproche & porte toujours à se con-
fondre, tandis que la loi s'obstine à les
écarter sans cesse.

Examinons chacun de ces objets à
part, toujours d'après le fait.

Quant à l'industrie, l'expérience a
prouvé ce qu'on doit attendre de sa
prétendue liberté. Il existe en *France*
des villes, & de grandes villes, où
elle n'est gênée ni par les *jurandes*, ni
par les entraves *réglementaires*, deve-
nues si odieuses : est-ce là qu'elle a fixé son séjour ? La *Hollande*, dont nous
avons parlé, & qu'on cite comme un
modèle d'indépendance, en est-elle un
de la perfection des arts ? En *Suisse*,
des montagnards isolés emploient leur
loisir à cultiver, suivant leurs caprices,
la portion d'adresse que chacun d'eux a
reçue de la nature: a-t-elle produit des
ouvriers bien supérieurs ? L'*horlogerie*
est la seule fabrique devenue célèbre dans
cet asyle de la liberté : mais est-ce à

la

la bonté, au fini des ouvrages, qu'elle doit fa renommée ? N'eſt-ce pas aux maîtres de *Londres*, & furtout de *Paris*, grévés du joug excluſif, que l'on s'adreſſe quand on veut avoir des montres & des pendules parfaites ?

Tout homme dont les vues font partagées, doit naturellement moins méditer chacun des ſujets entre leſquels ſon attention ſe diviſe, que ſi elle n'en embraſſoit qu'un ſeul. Tout artiſte dont les mains ſe tranſportent ſans ceſſe d'un inſtrument à l'autre, ne peut devenir familier avec aucun. Preſque tous les procédés des arts, les ſpéculations même du commerce, ne ſe perfectionnent que par l'exercice journalier. C'eſt là ce qui donne le tact, la hardieſſe, qui font réuſſir : en tout genre, l'habitude eſt la caution des ſuccès. Or celui à qui il ſera permis de vaquer ſans ceſſe d'un métier à l'autre, ne prendra que l'habitude de l'inconſtance, au-lieu de celle de la perfection.

On dit : mais ſon intérêt le fixera ; il ſe liera par préférence à la profeſſion, à l'art qui lui offrira une reſſource plus aſſurée : mais le ſuccès eſt-il toujours attaché à la tentative ? L'intérêt ſe laiſſe-t-il toujours gouverner par la raiſon ? N'eſt-il

pas fouvent ébloui, fubjugué par l'efpérance ? Les fpéculations les plus fauffes
ne font-elles pas prefque toujours les
plus flatteufes ? Les débuts en tout genre
ne font-ils pas défagréables, fatiguans ?
N'ont-ils pas des épines, & même des
dangers, que la feule néceffité donne
quelquefois la force de vaincre ?

Au premier revers, ou même au premier dégoût, un jeune homme fe flattera
de trouver plus de facilité dans une autre
profeffion que dans celle dont l'entrée
lui a paru fi hériffée d'obftacles. Son fecond effai ne fera pas plus heureux, & il
hafardera une troifieme, une quatrieme
expérience ; fes premiers pas dans chaque
carriere feront perdus pour lui, pour
l'induftrie ; éternellement novice, parce
qu'il fera toujours incertain, il arrivera
à l'âge où les organes privés de leur flexi-
bilité, ne lui permettront plus d'acquérir
de nouvelles lumieres : il fera réduit à
faire enfin un choix tardif, & condamné
à exercer le refte de fa vie un métier qu'il
n'aura jamais fu. La médiocrité, l'indigence, feront pour lui le fruit de la cruelle
liberté dont on aura accablé fa jeuneffe ;
& pour l'état, ce fruit fera la perte des
talens à qui un fage affujettiffement au-

roit procuré la plus parfaite maturité.

Mais l'état, dit-on, gagnera du moins la diminution dans le prix de la main-d'œuvre & des denrées.

Cet effet de la concurrence illimitée est un des appas les plus propres à flatter le public. Mais ne faut-il pas le placer au rang de ces illusions brillantes & trompeuses que l'examen fait évanouir ? D'abord, supposons que réellement les prix doivent baisser à l'apparition de la liberté, est-il vrai que ce seroit un bien ? Est-ce un bien pour le consommateur ? En est-ce un pour l'artisan? En est-ce un pour le producteur ?

Pour le premier, il a deux intérêts quand il achete : s'il doit desirer qu'on ne le rançonne pas, il doit aussi desirer qu'on lui livre de bonnes fournitures. Or, l'équilibre que la justice doit maintenir entre ces deux points, sera-t-il produit par la liberté ? Le vendeur n'a qu'un intérêt ; c'est de vendre. Afin de s'assurer le débit, il pourra baisser son prix. Le voisin renchérira sur les sacrifices qui ont achalandé la boutique dont il est jaloux : bientôt ils seront tous deux arrivés aux limites du gain légitime ; alors la concurrence subsistant toujours, la fraude facilitera au

plus hardi, le moyen de les franchir; &
dès ce moment, l'homme honnête deviendra complice de la tromperie, ou il
fera puni de fa vertu, par la défertion des
acheteurs : cela eft certain.

On dit toujours, l'intérêt perfonnel
fera un frein; celui qui hafarderoit ainfi
des denrées altérées, feroit puni par le
décri public. Cela peut être dans quelques
cas; mais dans prefque toutes les occur-
rences, dans tout ce qui s'appelle *détail*,
dans les occafions qui font prefque tout
le commerce actif des grandes villes,
dans le débit journalier, qui a pour objet
des étrangers, on en feroit fans inquié-
tude autant de victimes. Le marchand
réferveroit tout au plus fa confcience
pour les pratiques dont il voudroit fe
ménager l'eftime; mais à l'approche d'un
vifage inconnu, la fraude embufquée dans
fa boutique, fe manifefteroit avec autant
d'audace que d'impunité. La diminution
des prix qui forceroit à cette manœuvre
n'eft donc pas toujours utile à l'acheteur.

Elle ne le feroit pas plus à l'artifan :
tandis que fa fubfiftance augmente gra-
duellement chaque année, fi vous atta-
quez fa rétribution, il n'a plus d'autre
perfpective que la plus affreufe mifere,
ou d'autre reffource que la mal façon,

On dira toujours que l'intérêt perfonnel fera une barriere , que le bon ouvrier
fera connu, recherché, indemnifé, par l'empreffement du public , & le mauvais puni
par le mépris. Non encore: c'eft toujours
là une erreur, & une erreur bien fatale.
Dans la théorie, ce raifonnement peut être
jufte ; dans la pratique , il ne l'eft pas.

L'ouvrier a rarement affaire au public.
C'eft par l'entremife du marchand qu'il
négocie ; il ne tire fa fubfiftance journaliere que de l'avance que lui fait le tra-
fiquant, dans l'efpoir légitime d'en retirer
l'intérêt. Or , celui-ci maîtrifé par la con-
defcendance de fes rivaux , & leur envie
de paffer pour n'être pas trop avides , ira
comme eux au *bon marché*. L'ouvrier de
fon côté , preffé par le befoin , à qui il
importera bien plus de débiter fes ouvrages que de les entendre louer , travaillera
à la hâte : ne pouvant, fans s'expofer à
périr de faim, facrifier une piece man-
quée, l'adreffe qu'il auroit employée avec
un bon prix , à la perfectionner, il la
proftituera à en pallier les défauts. Il
trompera le marchand, qui trompera
à fon tour le public : & de ces deux
fraudes entées l'une fur l'autre, il ne
réfultera pas même la profpérité des in-

fortunés qui y auront été réduits. La
mifere fera bientôt le partage, fur-tout
de l'artifan, qui, étant borné dans fes
gains, expofé à toutes les variations des
denrées, à toutes les furcharges des im-
pôts, à toutes les pertes qui réfultent des
maladies, des jours chommés, des acci-
dens arrivés à fa famille, &c. ne pourra
réfifter au moindre défaftre, & maudira,
expirant fur la paille, l'indépendance
meurtriere dont il fera la victime.

Enfin, la diminution des prix ne fera
pas plus un avantage pour le *producteur*,
que pour les deux autres claffes. Cette
efpérance d'ailleurs feroit une contra-
diction avec les principes fondamentaux
du fyftême qui conduit à réclamer fi
hautement la liberté. La *cherté*, ou fi
l'on veut, le *bon prix* des denrées en
eft le principal, & même l'unique objet.
Une opération qui tend à en diminuer
la valeur, le choque donc par la bafe.

Mais eft-il bien certain que cette diminution réfulteroit en effet de la concurrence? Eft-il vrai que la multiplication
des mains dévouées par un empreffement
volontaire au fervice du public, produiroit un rabais fur le falaire qu'elles ont
droit d'attendre? On en va juger.

Quant aux denrées, fi vous multipliez

le nombre des vendeurs de la seconde main, vous multipliez le nombre des acheteurs, c'est-à-dire, que ceux qui viendront garnir les marchés dans les villes iront se pourvoir dans les campagnes. Cette nuée de concurrens avertira le propriétaire de tenir sa denrée plus haut. La crainte d'être supplanté par des rivaux plus faciles, rendra le marchand plus hardi : il achetera à quelque prix que ce soit, pour ne pas revenir les mains vuides. Mais cette opération réitérée de proche en proche, rendra à leur retour le marché inaccessible. Ce sera au public à payer cette jalousie qui aura enrichi le premier vendeur. Il en résultera un réhaussement arbitraire, & peut-être inappréciable. Alors, le système qui veut que tout soit cher, sera accompli : mais celui qui promet que tout deviendra à bon marché, sera cruellement démenti.

A l'égard de la main d'œuvre, ce sera bien pis. Les maîtres aujourd'hui ne sont que des espèces d'entrepreneurs : quand ils ont une exploitation considérable ; quand un deuil imprévu, par exemple, pour les Tailleurs, exige un travail forcé ; quand le changement de saison rend les pratiques plus pressantes & les atteliers

plus aĉifs, ils trouvent des ouvriers à
choifir : le maître plus occupé, appelle,
au moyen d'une augmentation peu confidérable, les garçons, qu'un rival moins
achalandé n'a pas d'intérêt à retenir. Le
public ne fe fent pas de cette opération
intérieure & imperceptible : le prix de
l'année ne change point ; le furcroît du
fálaire des coopérateurs, eſt un facrifice
que le maître fait fans regret, au plaifir
de fatisfaire fes pratiques, & dont il eſt
indemnifé par les travaux ordinaires &
courans.

Mais dès que tout le monde fera maître, il n'aura plus de fecours à efpérer des
égaux que la loi lui aura faite. L'efpérance de voir refluer chez eux le furcroît
de travail auquel il ne pourra fuffire,
les rendra fourds à des propofitions honnêtes : pour les engager à fe départir de
cette grandeur chimérique, à laquelle la
liberté les aura élevés, il faudra leur
offrir des honoraires proportionnés à leur
nouvelle dignité ; alors il fera impoffible
que le prix de l'ouvrage même ne fe
fente pas du defpotifme exercé par les
affociés qui daigneront y concourir. Un
moment enlevera au public abufé le gain
qu'il fe fera flatté de faire pendant le reſte

de l'année , & l'induſtrie ſera plus gênée ,
plus tyranniſée par la liberté même qu'elle
n'auroit jamais pu l'être par les réglemens.
Il n'y aura donc rien moins qu'une diminution de prix.

En troiſieme lieu , on parle de *la
ſimplicité de la régie*. Il en faut donc
une régie. C'eſt déjà un grand point.
On aſtreint les aſpirans à ſe faire inſ-
crire à un greffe : on veut qu'ils
prennent des brevets. Mais de deux choſes l'une, ou quand on aura négligé de
ſe pourvoir d'un de ces brevets, on ne
ſera pas repréhenſible, & alors ils ne ſont
qu'une formalité ſuperflue qui ne mérite
pas l'appareil d'une loi : la régie , dans ce
cas , ſeroit inutile , & cependant elle ne
le paroît pas aux yeux même du légiſla-
teur dès qu'il l'établit.

Ou quiconque ſe ſera intrus dans un
état ſans la patente qui en ouvre la porte ,
ſera criminel ; & alors on ne voit pas
quel changement la loi aura opéré. Un
perruquier tout agité de l'extenſion de ſes
prérogatives , aura rêvé la nuit à une
nouvelle maniere de tourner une gâche de
ſerrure : il ſe ſera hâté d'éprouver ſon ſe-
cret ſans s'être muni d'un enrégiſtrement
ſolemnel : ſi dès qu'on entendra dans ſon

paifible attelier le fracas des forges de Vulcain, il eft exposé à une faisie sous le regne de la liberté, comme sous celui de l'esclavage ; eft-ce la peine de faire un si grand bouleversement ?

Il faudra donc toujours des visites pour épier les contraventions, des procès verbaux pour les conftater, des procédures pour les punir ; qu'auront gagné les particuliers & la société ? Ce sera le même régime sous une autre forme. Mais pour le rajeunir, eft-il donc abfolument nécessaire de commencer par le tuer ? En réformant la régie des jurés, ne vaudra-t-elle pas celle de la police, à qui d'ailleurs elle eft immédiatement soumise, comme le seroit celle de leurs successeurs ?

On dit qu'elle eft coûteuse ! Il n'y a qu'un mot à répondre. Les jurés ne peuvent pas dépenser un fou, qu'ils n'y soient autorisés par la police. Ce qu'on veut faire exifte donc déjà. S'il y a des abus, il faut les corriger. Mais eft-il nécessaire de détruire ?

Enfin, les *procés* des communautés entr'elles & avec les particuliers importunent. Il eft ridicule & dangereux de voir les *Pâtissiers* plaider pour empêcher les *Rôtisseurs* d'avoir un four, &

ceux-ci contefter aux marchands de vin
le droit de donner chez eux une poularde
fur une affiete à des buveurs qui voudront
manger proprement. On ne fe fait pas à
voir la Juftice occupée fans ceffe à fixer
les limites entre les *Selliers* & les *Bour-*
reliers, les *Tailleurs* & les *Frippiers*, les
Menuifiers & les *Charpentiers*, les *Mé-*
giffiers & les *Boyaudiers*, &c.

Les réflexions & la douleur que ces
combats extravagans font naître dans une
tête bien organifée, font raifonnables
fans doute. Mais le moyen de les prévenir, eft fi fimple ! Au-lieu de tous ces petits bataillons, ennemis en effet les uns
des autres, précifement par la parité des
fonctions qui devroient les unir, ne peut-
on pas partager la grande famille des
arts en divifions, où tous ceux qui ont
de l'affinité fe trouveront freres, & où
les parens plus éloignés n'auront rien à
fe difputer.

Tout ce qui eft relatif à *la cuifine*, peut
faire une claffe : tout ce qui manie *le fer*
peut en compofer une autre. Les travaux
qui donnent *au bois*, tantôt une forme
agréable, tantôt une difpofition folide,
indiquent un département formé par la
nature même. Le corps humain fera livré

C 6

à trois efpeces d'ouvriers qui le pareront & l'habilleront fans avoir de jaloufie ; les *Perruquiers Coëffeurs* auront affez d'occupation autour de la tête des hommes, & fur-tout des femmes, les *Tailleurs* iront jufqu'aux fouliers, & les *Cordonniers* fe chargeront de fournir aux hommes une chauffure folide, aux femmes un fupport élégant ; on verra difparoître les titres bizarres de *Savetiers*, de *Frippiers*, de *Couturieres*, &c, &c. Toutes les limites étant alors fi folemnellement pofées, il fera impoffible qu'il y ait la moindre confufion. Les procès s'évanouiront, & le but plein de bonté, que le gouvernement fe propofe, fera rempli,

§. III.

Inconvéniens effectifs attachés à la fuppreffion des Jurandes.

Il y en a de toute efpece ; il y en a pour l'état qui fe prive de plus d'une reffource en plus d'un genre ; il y en a pour les particuliers que l'on dépouille ; il y en a pour ceux qu'on leur affocie ; il y en a pour le public même au bien de qui on femble facrifier les premiers. C'eft ce qu'il faut démontrer en peu de mots.

On ne parle pas ici des reſſources fiſca-
les que l'avidité financiere a trouvées dans
les communautés. Elle en a fait pendant
deux ſiecles des éponges, avec leſquel-
les elle a pompé la ſubſtance des peuples.
Si l'honnêteté du gouvernement actuel
a le courage de dédaigner ces exactions
meurtrieres, elle pourvoira ſans doute
aux moyens d'indemniſer ceux qui juſqu'ici ont ſupporté ce fardeau ; mais on
ſent que l'idée d'en avoir un jour beſoin,
n'eſt pas une raiſon à lui propoſer pour
l'empêcher de renverſer les corporations
qui les ont facilitées ; il y a une autre
ſpéculation faite pour frapper bien plus
vivement un miniſtere occupé ſur-tout
de la reſtauration des campagnes.

Les maîtriſes, les apprentiſſages, les
entraves dont on a chargé l'agrégation
aux corps d'arts & métiers, dans les
grandes villes ſur-tout, qui offrent plus
de douceur & un eſpoir plus ſéduiſant,
détournent une infinité de colons labo-
rieux de ſe tranſplanter dans ces aſyles
de l'induſtrie ; quoiqu'ils envient la pro-
preté, l'eſpece d'élégance, les plaiſirs
bruyans des guinguettes qui ſemblent le
partage des artiſans ſoudoyés par le luxe
dans les cités opulentes, la longueur du no-

viciat néceſſaire pour y être initié, écarte, d'eux-mêmes l'idée de les aller partager. L'impoſſibilité d'arriver à ce degré de bonheur, les fixe ſur la terre qu'ils fertiliſent par des travaux non interrompus.

Mais dès que la barriere qui effraie leur imagination ſera levée, ils s'élanceront en foule vers ces ſéjours fortunés, où elle ne leur préſente que des délices: accoutumés à la vie meſquine & miſérable que l'économie de la campagne leur vend ſi cher, ils ſe flatteront, malgré leur groſſiéreté & leur mal-adreſſe, de trouver au moins leur ſubſiſtance dans les occupations plus aiſées de la ville.

Ils auront préciſément l'idée qui ſemble avoir ſéduit les adverſaires des jurandes: il faut, diront-ils, des travailleurs de toute eſpece, de bons pour les riches, de médiocres pour le reſte du peuple. Ils ſe flatteront d'arriver ſans peine à ce degré facile qui ſuffit à une indulgence intéreſſée. Ils ſe perſuaderont qu'en demandant peu, il leur ſera permis de mal faire; & il réſultera de cette tranſplantation imprudente un double mal. Les villes plus peuplées conſommeront davanrage, les campagnes, où leurs places ſeront reſtées vuides, fourniront moins; ainſi les danrées deviendront plus cheres ; parce. qu'elles feront plus rares : cette population extravafée , s'il eft permis de parler ainfi, caufera difette dans l'enceinte des unes, ftérilité dans le vafte efpace des autres. Le gouvernement étonné, effrayé de cet effet fi contraire à fon efpérance, cherchera envain à fe rétablir dans l'état dont une fi violente fecouffe l'aura tiré.

Cela n'arrivera point, dit-on, les hommes ne s'affemblent qu'où ils peuvent vivre : ils n'embraffent que le métier qui les nourrit, les villageois dépayfés, après avoir inutilement effayé de fe foutenir dans les villes, retourneront à leurs chaumieres, défabufés d'une fpéculation illufoire ; ils iront avec moins de regret reprendre la pioche & la houe, après s'être convaincus qu'on ne fubfifte pas néceffairement avec une lime ou un rabot.

Il faut toujours répondre la même chofe, au même raifonnement, c'eft-à-dire, à la même méprife. Non , cette théorie eft fauffe dans la pratique. Quiconque a goûté de la ville ne reflue point dans les campagnes. L'ouvrier efféminé dans l'attelier, où il eft garanti des injures de l'air , ne peut être forcé , même par le befoin , à retourner s'y expofer en plein champ ; il s'obftine à lutter contre l'indigence au milieu des palais où il eft inconnu & rebuté. Il va de dégradation en dégradation , d'aviliffement , en aviliffement , cherchant dans la crapule des honteufes diftractions , fouvent dans le crime d'effrayantes reffources , jufqu'à ce que l'excès de la mifere & du chagrin l'ayant épuifé, la premiere maladie, le poufe à l'hôpital , où il s'éteint fans regret.

Voilà la marche des campagnards , qu'un fantôme éblouiffant a arraché de leurs ruftiques & refpectables occupations , pour les expofer aux vertiges de la culture des arts dans les villes ; or il eft certain qu'ils ne manqueront pas de s'y précipiter , fur-tout dans le premier moment où la liberté exhauffée en quelque forte par la légiflation, paraîtra les appeller de toutes parts ; où le parallele entre leur fervitude apparente & leur libération illufoire, fera plus frappant, où une efpece de régénération inconnue les livrera à ces mouvemens d'efpérance ; de cupidité , d'envie de ce qui eft nouveau , fi chers , fi impérieux pour le cœur hûmain ; premier inconvénient pour l'état, perte irréparable dans les campagnes.

Ce n'eſt pas tout. Qu'arrivera-t-il dans les villes ainſi ſurchargées ? Aujourd'hui une hiérarchie ſévere contient tout dans l'ordre : chaque attelier eſt ſubordonné à un maître qui y exerce une premiere police. Lui - même répond à ſon corps dont les officiers ſont à chaque inſtant ſous la main du magiſtrat. Celui-ci n'a donc qu'une inſpection facile : l'abus léger, ſe réforme ſans lui, l'abus conſidérable, il le corrige ſans effort. C'eſt-là vraiment une régie ſimple ; mais quand une fois elle ſera détruite, quand ce ne ſera plus la police des corps, mais celle des individus, à laquelle il faudra que le magiſtrat ſe livre, comment pourra-t-il y ſuffire? ou il y vaquera lui - même, & il ſera écraſé, ſans pouvoir remédier à l'anarchie ; ou il établira une gradation de ſecours ; il empruntera des inſtrumens, & alors ce ſera toujours les jurandes qu'il faudra rétablir dans la réalité. Ce ne ſeront plus des *Jurés*, ſi l'on veut, des officiers du corps, ce ſeront des directeurs, des affidés, des eſpions, & ce n'eſt pas ce qu'il y aura de plus avantageux ; l'ordre fera moins folide & les particuliers plus vexés : feconde perte inapréciable pour l'état.

Quant aux maîtres actuels, il n'eft pas befoin d'entrer dans beaucoup de détails pour faire fentir combien fera cruelle, funefte pour eux une dégradation fubite. Quand il feroit vrai que la génération future pût en tirer quelqu'avantage, ce fera une terrible cataftrophe pour celle qui exifte aujourd'hui , & par où l'a-t-elle méritée ? Ils auront confacré leur jeuneffe à perfectionner un art, un métier honnéte, dans l'efpérance de tranfmettre à leurs enfans leur exemple & leur privilege ; leurs modiques bénéfices auront été confumés à l'éducation d'une famille, dont le principal héritage fera le goût de l'économie & la pratique d'une profeffion utile, & à l'entrée de leur vieilleffe , ils verront leurs efpérances détruites , leurs enfans confondus avec des étrangers que la nouveauté fera choifir, réduits à s'avilir pour mériter la préférence, c'eft-à-dire, à s'en rendre indignes pour l'obtenir. Cent mille familles défolées dans le royanme contempleront, avec un effroi lugubre , la deftruction de cet édifice fi bien cimenté par la poli-

tique , & dont quelques réparations auroient afluré la folidité : après avoir
quelque tems gémi fur fes ruines, elles
y feront enfevelies.

Si du moins les dépouilles de ces in-
fortunés devenoient pour leurs fucceffeurs
une poffeffion profitable ,ils pourroient fe
confoler ; fujets foumis, ils dépoferoient
aux pieds de leur prince une exiftence,
que les befoins& le bien commun de l'état
fembleroient redemander ; mais ce qu'on
a déjà vu prouve combien , à cet égard,
les efpérances font peu fondées. La confommation des objets de commerce , ou
des productions de l'induftrie à de certai-
nes limites. On ne l'éprouve que trop
aujourd'hui dans l'état actuel des chofes.
On a dérogé depuis quelques tems à la
rigidité des ftatuts qui établiffent une
balance imperceptible, entre le nombre
de pourvoyeurs en tout genre , & les befoins. Cette facilité a multiplié les maîtres
dans toutes les profeffions, qu'en eft-il
arrivé? Que le plus grand nombre lan-
guit dans une médiocrité très-voifine de
l'indigence. Dans le corps des Tailleurs ,
par exemple , près de la moitié font à-
peu-près à la mendicité , réduits à quêter
de l'occupation chez des confreres plus

heureux ; fur la feule paroiffe de faint
Euflache, on en compte près de cinq
cents qui ont befoin de fecours manuels ;
il en eft de même à-peu-près des autres
communautés.

La févérité des regles, la rigueur de
l'infpection empêche que ces maîtres,
accablés de leur dignité, ne cedent à la
tentation de rappeller les acheteurs dans
leurs atteliers déferts, par les moyens
dont on vient de parler, & du moins le
public eft garanti par-là des triftes fuites
d'une multiplication imprudente ; mais
que fera-ce fi ce frein même eft ôté ? Les
inconvéniens de la multitude difparaî-
tront-ils, quand on introduira la foule ?
Peut-on fe flatter de refpirer plus à l'aife,
quand on entaffera plus d'hommes dans
la même enceinte, où ceux qui y font
s'étouffent déjà ?

Vainement, dira-t-on, comme le font
quelques fpéculateurs, que peu à peu
la liberté remédiera à cet abus comme
aux autres : oui, fans doute, c'eft-à-dire,
qu'elle n'y remédiera pas plus qu'aux
autres ; comme elle ne préviendra ni les
mal-façons, ni les difettes, ni les chertés,
qu'au contraire elle en fera la fource la
plus abondante, la plus infaillible ; elle
néceffitera auffi l'oifiveté de tous ces maî-

tres parafites , que l'efpérance d'une occupation lucrative aura tout d'un coup
métamorphofé en artiftes. De leur affec-
tation à accumuler les titres de différentes profeffons, il ne réfultera que la preuve
de leur incapacité pour en exercer aucune; ils auront ruiné leurs dévanciers
fans s'être enrichis. L'état privé tout à
la fois , & des anciennes corporations ,
qui le fervoient bien fous l'enfeigne de
la fujétion , & des républicains modernes,
qui ne pourront le fervir fous la banniere
de l'indépendance , effaiera envain de ra-
nimer , par des efforts tardifs , ces cada-
vres qu'une confiance imprudente aura
tués fans retour.

Enfin , à ces confidérations importan-
tes , joignons les pertes de tout genre
que fera le public. On a déjà vu ci-deffus
que la diminution de la main d'œuvre,
ne feroit pas le fruit de l'indépendance
anarchique dont on le menace; il y a
plus , toute efpece de confiance , de sûreté , de rapport entre l'ouvrier chef qui
entreprend les travaux , l'ouvrier fubor-
donné qui les exécute , & le propriétaire qui les ordonne fera rompue; il fera
déformais impoffible , par exemple , à un
Maître *Maçon* , à un *Menuifier*, à un

Serrurier, de faire un devis folide. Car, en fuppofant qu'il lui refte des garçons, quand la premiere aurore de la liberté aura lui pour eux, & que leurs cœurs repouſſent le premier mouvement d'orgueil qui doit leur faire fecouer le joug à l'inftant où l'adminiftration paroîtra le brifer, qu'arrivera-t-il s'il fait une entreprife confidérable ? Ses ouvriers ne tarderont pas à exiger une augmentation de falaire, en raifon de ce qu'ils fentiront qu'il aura plus befoin d'eux. Un rival jaloux, qui fe flattera d'être employé à fon préjudice, les aiguillonnera par des promeffes pour les engager à fe détacher de lui.

Il faudra donc, ou qu'il foit rançonné par eux, & qu'il cherche dès-lors dans l'épargne fur les matériaux, dans la léfine fur la manipulation, l'indemnité de cette taxe, dont il n'ofera fe plaindre, ou s'il éclate, s'il repréfente au propriétaire fa fituation, & que celui-ci s'en tienne à fon acte, cela produira plus de procès que les tribunaux n'en ont aujourd'hui à terminer : fi au contraire il fe prête à l'impôt que le caprice des ouvriers à établi, il fera une loi que bientôt les voifins ne pourront plus éluder.

Appellera-t-on la police pour réprimer cette révolte ? comment s'y prendra,

t-elle ? par les repréfentations ? elle en-
hardira ceux qu'elle croira convaincre.
Par les châtimens ? qu'aura gagné la fociété, fi au-lieu de paifibles & humains
jurés il faut des archers, des potences
& des bourreaux ? comment même ofe-
roit-elle appliquer ces punitions ? qu'aura-
t-elle à répondre à des *maîtres* qui lui
oppoferont pour bouclier l'édit d'indépendance, & réclameront le droit de ne
pas être affervi à leurs compagnons ? fau-
dra-t-il qu'elle viole elle même fes or-
donnances, pour les faire obferver ? eft-
ce la verge à la main qu'elle donnera des
leçons fur la liberté ?

Mais la concurrence, dit-on, préviendra ces abus ; alors vous aurez plus
d'ouvriers que vous n'en pourrez employer. Le befoin vous fournira des agens
dociles, & l'exemple réduira bientôt les
mutins, fur-tout quandils verront qu'on
peut fe paffer d'eux.

Mais cet excédent d'hommes fans emploi n'auront donc que celui d'être les
épouvantails de la rebellion. Ce font des
victimes dont le fang fera fleurir l'arbre de
la liberté. Dès que l'émeute fera paffée,
où trouveront-ils de l'ouvrage ? Si toutes
les places font remplies, & que pour empêcher qu'elles ne reftent vuides, il faut

des hommes oisifs, de quoi ceux-ci vi-
vront-ils ? Ces deux excès sont également
à craindre. La misere du peuple artisan
est aussi redoutable que son despotisme.
Les pacifiques *Jurandes* remédioient à
tout, balançoient tout, concilioient tout.

Et la sorte de rigidité qu'elles entre-
tenoient dans les mœurs, la pureté qu'elles
perpétuoient dans les familles, n'est-ce
rien : La bourgeoisie industrieuse & com-
merçante, rejettée de ces carrieres où une
gloire plus lumineuse est le prix des travaux, n'est cependant pas tout à fait pri-
vée des distinctions qui font tout-à-la-fois
la récompense & l'aliment de l'honneur.
Un marchand veut arriver aux charges
de sa communauté. Un artisan veut être
syndic, juré. Comme ils y parviennent
par des élections, & qu'il n'y a pas de
juges plus clairvoyans que des rivaux,
ils tâchent de n'offrir à cette inspection
éclairée, qu'une vie exempte de reproches. Les objets qu'on a à se disputer, ne
font pas assez intéressans pour émouvoir
de ces cabales, dont il n'y a que trop
d'exemples dans les corps livrés à eux-
mêmes ; mais ils ne font pas non plus
assez indifférens, pour qu'il n'y ait pas
quelque scrupule dans l'examen, quel-

que

que délicateſſe dans la vérification des titres.

Toutes les claſſes ſont donc également contenues par ce principe de l'honneur, ſource enflammée qui, en décorant eſſentiellement la tête du monarque, lance ſes rayons de proche en proche juſqu'aux extrémités de la hiérarchie, où ils arrivent affoiblis, mais non pas altérés. C'eſt lui cependant, c'eſt ce mobile ineſtimable qui va diſparoître avec les corporations. Un homme affiliée à dix profeſſions, & par conſéquent dérobé aux regards de ſes compagnons, puiſque dans le fait il n'en aura plus, ſe piquera-t-il de la même régularité que quand il avoit pour ſurveillans des aſſociés intègres, armés pour le juger, & intéreſſés à le juger juſtement? Craindra-t-il autant les regiſtres muets de la police, que ces témoins vivans & irrécuſables, inſtitués moins pour punir ſes fautes, que pour récompenſer ſes vertus?

Il y a plus; les veuves, les maîtres accablés par des déſaſtres, trouvoient des ſecours dans les corps. Il n'y en a point qui ne ſe piquât de venir au ſecours de ceux de ſes membres qu'une infortune imprévue livroit à la miſere: la ſeule communauté des *merciers* diſtribue annuellement plus de 20000 livres en gé-

D

nérofités de cette efpèce. Que deviendront-elles, quand il ne reftera plus de la communauté diffoute, que la mémoire de fes bienfaits? Ces pratiques d'humanité doivent-elles être comptées pour rien par une adminiftration fage & humaine ?

Enfin on annonce une liberté indéfinie, fans diftinction de nations, de peuples, d'âge, de fexe : de même que dans cet afyle refpectable, où la charité *accueille* les fruits de la foibleffe ou les dépôts de l'infortune, on reçoit fans curiofité, fans examen, tout ce qui fe préfente, la police va déformais ouvrir fes regiftres à tous les noms qu'on y voudra configner ; & cette feule opération conférera la faculté illimitée d'exercer, en *France* les profeffions qui doivent tendre au bonheur ou à la gloire de la nation. *Françoife*. Les auteurs de ces réflexions font bien éloignés de vouloir critiquer des fpéculations politiques, dont la fupériorité eft au-deffus de leurs forces & de leurs connoiffances ; mais juftifiés par une expérience journaliere, ils oferont demander fi cette invitation univerfelle ne va pas livrer le commerce & tous les arts à la licence, plutôt qu'à la liberté.

Le premier fur-tout ne va-t-il pas être envahi par cette nation toujours profcrite

& toujours redoutée, qui semble dans tous les tems en avoir étudié les écarts putôt que la marche, & ne l'avoir cultivé que pour l'avilir? Peu sensible à l'honneur, puisque par son existence même elle est dévouée à l'ignominie; indifférente aux intérêts d'une patrie, puisqu'elle n'en a point & ne peut en avoir; absoute par ses principes des scrupules qui nous enchaînent, endurcie contre les remords que peuvent causer l'*usure*, l'*agiotage*, toutes ces pestes du commerce; habituée à ne voir, dans ceux avec qui elle traite, que des ennemis qu'il'oppriment, & des usurpateurs qu'elle peut légitimement dépouiller, que deviendra parmi nous le négoce, que deviendront les manufactures, les arts qui lui seront une fois prostitués? Cette espece fatale de concurrence sera-t-elle honorable? sera-t-elle utile? sera-t-elle exempte de dangers?

Sans doute il ne faut pas renouveller ces proscriptions que la barbarie des siecles d'ignorance n'a que trop souvent & trop cruellement autorisées. Quoique *juifs*, ils sont des hommes; mais si la philosophie peut leur donner de la pitié, la politique leur doit-elle des prévenances? Eh! nos freres, notre sang, les protestans gémissent dans l'exclusion! Une

(76)

barriere inexorable leur ferme le retour dans une patrie qui est encore, malgré son inflexibilité, le plus puissant objet de leur amour & de leurs regrets. Leur donnera-t-on la douleur de voir les ennemis d'un dieu qu'ils révèrent, se naturaliser à leur préjudice dans un pays dont ils sont exclus ?

Ce n'est là qu'une foible partie des considérations qui doivent faire balancer sur l'abolition des *Jurandes*. Quoiqu'on s'efforce d'en flétrir l'origine, en leur faisant une généalogie fiscale, il n'en est pas moins vrai qu'il est très-facile de les relever de cette dérogeance apparente. Il est malheureux que des ministres foibles ou négligens n'aient vu pendant deux siecles qu'un instrument de finance, dans un des plus utiles ressorts de la politique. Mais il ne faut pas abuser, pour détruire cette institution, de l'abus qu'ils se font eux-même permis : il ne faut que rappeller à sa vraie destination, pour lui rendre sa pureté primitive : & cette régénération salutaire, en produisant tous les biens que sa destruction promet envain, n'aura aucun des inconvéniens que celle-ci ne peut manquer d'entraîner.

F I N.

www.ingramcontent.com/pod-product-compliance
Lightning Source LLC
Chambersburg PA
CBHW071246200326
41521CB00009B/1641